SO FING ES AN

Thilo Koch
Hanns Hubmann
Hilmar Pabel

SO FING ES AN

Erinnerungen und Bilder aus den Jahren 1945–1949

westermann

Totaler Zusammenbruch, neue Hoffnung

Deutschland heute – das ist das Ergebnis von Deutschland 1945 bis 1949. Erinnern wir uns noch an jene „Stunde Null"? Wollen wir uns überhaupt erinnern? Ist es nicht besser, angenehmer jedenfalls, die Schrecken jener Jahre zu vergessen? Die Wunden sind vernarbt – warum daran rühren?

Die Jahre 1945, 1946, 1947, 1948, 1949 sind die fünf Jahre der Entscheidung über den deutschen Weg. Wer wissen möchte, wieso, wer wissen will, woher er kommt, wohin er geht als Deutscher in dieser Welt, der muß es aufregend interessant finden zu erfahren, was damals geschah. Nur so kann er begreifen, wie es geschehen konnte, daß heute die absurdeste, die am besten bewachte und die kostspieligste Grenze der Welt quer durch Staat und Nation der Deutschen verläuft und ihre Hauptstadt zur Insel macht.

Was damals geschieht, scheint lange zurückzuliegen, sehr lange. Aber die Folgen jener „Stunde Null" sind unheimlich gegenwärtig: Wachtürme, Todesstreifen, Zäune und Mauern quer durch Deutschland – Selbstverständlichkeiten seit langem, für lange. Sollten wir nicht wissen, wie es dazu kam? Wie und Warum?

Die Alliierten gewinnen 1945 den Krieg, aber sie verlieren den Frieden. Kalter Krieg und Eiserner Vorhang, Blockade Berlins und Flüchtlinge, immer wieder Flüchtlinge von Ost nach West – das sind die Folgen. Heute sind wir wirtschaftlich längst wieder „wer" – wir in der Bundesrepublik Deutschland und auch unsere Landsleute drüben in der DDR. Aber politisch sind wir eine Nation ohne Identität, ein Volk ohne gemeinsamen Staat.

Hitler kurz vor seinem Selbstmord am 30. April 1945 zu Albert Speer, seinem Reichsminister für die Kriegsproduktion: „Wenn der Krieg verlorengeht, wird auch das Volk verloren sein. Dieses Schicksal ist unabwendbar." Und gegenüber Hermann Rauschning: „Wir können untergehen . . ., aber wir werden eine Welt mitnehmen."

Mehr als fünfzig Millionen Tote auf allen Kriegsschauplätzen sind die Bilanz des Zweiten Weltkrieges. Hunger, Krankheit, Ungewißheit, Obdachlosigkeit, Vergewaltigung, Übermacht und Übermut der Sieger kennzeichnen die „Stunde Null". Am meisten von allen Völkern haben die Russen unter dem Raubkrieg Hitlers gelitten. 20 Millionen Russen sind umgekommen. Nun fügen die Rotarmisten ihrerseits dem Angreifer die tiefsten Demütigungen zu. Die deutsche Bevölkerung zittert vor ihnen.

Siegesparaden aller Streitkräfte feiern den Triumph über den gemeinsamen Gegner. Ein Krieg ist von den Alliierten gewonnen worden, in dem insgesamt 170 Millionen Mann unter den Waffen standen. 1945 beherrschen Haß und Verachtung die Stimmung gegenüber dem geschlagenen Deutschland. So war 1944 der Plan des US-Finanzministers Henry Morgenthau jr. entstanden: Deutschland soll zum Agrarland gemacht, seine Wirtschaft für zwanzig Jahre von seinen Nachbarn kontrolliert werden. Der Haß, den Hitler gesät hat, geht gegen Deutschland auf. Er schmiedet zunächst die Westmächte und die Sowjetunion zusammen, und dieses Bündnis erlaubt es den Russen, die beherrschende europäische Großmacht der zweiten Jahrhunderthälfte zu werden. So stehen die Sowjets noch heute rund um Berlin und mitten in Deutschland und erreichen mit der Teilung Deutschlands auch die Teilung Europas.

Im Cäcilienhof in Potsdam beginnt am 17. Juni 1945 um 17 Uhr jene Konferenz, von der die politische Teilung Deutschlands und Berlins ausgeht. Am runden Tisch sitzen beisammen: Generalissimus Stalin, Präsident Truman und Premierminister Churchill, der nach dem Wahlsieg der Labourpartei am 28. Juli von Clement Attlee abgelöst wird. In Potsdam wird beschlossen: Die Vertreibung der Deutschen aus den Ostgebieten; die Abtretung des nördlichen Ostpreußen an die Sowjetunion; die Unterstellung aller deutschen Gebiete östlich der Oder-Neiße-Linie unter polnische Verwaltung; die Leistung von Kriegsentschädigungen, vor allem an die Sowjetunion; die Eröffnung eines Gerichtsverfahrens gegen die deutschen Kriegsverbrecher.

Was Hitler hinterlassen hat

Während die Sieger schon in den ersten Monaten nach der Kapitulation des Deutschen Reiches in fundamentale Meinungsverschiedenheiten geraten, macht das geschlagene Volk der Deutschen sich daran aufzuräumen, was Hitler ihm hinterlassen hat.

In Köln leben von 730 000 Einwohnern der Vorkriegszeit nur noch 40 000 notdürftig in Kellern und ausgebesserten Notwohnungen. 20 Millionen Menschen auf dem Gebiet der späteren Bundesrepublik Deutschland haben 1945 keine Wohnung. Fast die Hälfte aller Verkehrsanlagen ist zerstört. Als der letzte Schuß verhallt ist, die letzte Bombe gefallen, liegen 400 Millionen Kubikmeter Schutt auf Deutschland.

Mehr als zwei Millionen Wohnungen sind total vernichtet, weitere zweieinhalb Millionen teilweise. Deutschland gleicht einer gespenstischen Landschaft des Todes – Resultat des Fanatismus, mit dem ein „Tausendjähriges Reich" errichtet werden sollte, das zwölf Jahre dauerte.

Niemals zuvor in der neueren Geschichte sind so viele Zivilpersonen von einem Krieg in Mitleidenschaft gezogen worden. Als die Kanonen schweigen, ist die Angst nicht vorbei. Mit der Hoffnung auf einen Neuanfang sind zunächst bittere Not und härtester Kampf ums Überleben gepaart. Besonders die Frauen mit kleinen Kindern vollbringen in den ersten Monaten und Jahren nach dem Krieg außerordentliche Leistungen.

Jeder sucht jeden. 25 Millionen Deutsche sind nicht an ihrem Heimatort, die Familien auseinandergerissen, die Sorge um das Schicksal der kriegsgefangenen deutschen Soldaten allgegenwärtig. Es gibt keinen Postverkehr, keine Informationsquellen. Die Nahrungssuche beherrscht das Denken. Die Sieger beschlagnahmen die besten der noch vorhandenen Häuser, um dort Unterkünfte für sich selbst einzurichten.

Bei Kriegsende ist das deutsche Verkehrswesen vollständig zusammengebrochen. Es gibt weder Personen- noch Güterverkehr. Über 3 000 Eisenbahnbrücken, fast 1 500 Straßenbrücken sind allein in den drei Westzonen zerstört. Als man an die Aufräumungsarbeiten geht, sind nur noch die Hälfte der Lokomotiven und Güterwagen und weniger als ein Drittel der Personenwagen betriebsfähig.

In den Häfen ist das Chaos nahezu total. Im Kieler Hafenbecken liegen 243 Schiffswracks, die Kaimauern sind restlos zerstört. Im Hamburger Hafen stehen nur noch zehn Prozent der Lagerschuppen, zwei Drittel der Hafengleise und fast die Hälfte aller Hafenbrücken sind zerstört. Im Strombett des Rheins liegen 10 000 Tonnen Stahl und 40 000 Tonnen Steine und Beton. Sie müssen geräumt werden, ehe an eine Wiederbelebung der Industrieproduktion an Rhein und Ruhr zu denken ist. Man setzt Schwimmkräne, Bagger und Spezialgeräte ein, die man noch instandsetzen kann. 1 500 gesunkene Schiffe werden im Rhein gehoben, darunter auch größere Personendampfer, die die Häfen und Verladevorrichtungen blockieren und den Transport von Kohle und Lebensmitteln behindern.

Alle zweiundzwanzig Eisenbahnbrücken über den Rhein sind zerstört – teilweise durch Jagdbomber, teilweise durch die Kampfhandlungen am Boden, teilweise durch die zurückweichenden deutschen Armeen. Der Wiederaufbau aller Brücken nimmt Jahrzehnte in Anspruch. Die Männer, die diese Arbeiten ausführen, sind unterernährt, auch wenn sie Schwerarbeiterzulage bekommen. Sie flicken und reparieren, während ihre Arbeitskollegen gleichzeitig die von den Alliierten beschlossene und erzwungene Demontage deutscher Industrieanlagen ausführen müssen.

In der Sowjetzone läßt die Besatzungsmacht das zweite Gleis der Reichsbahn demontieren und transportiert die Schienen nach Rußland. Kaum eine andere Maßnahme löst bei der Bevölkerung so viel Entmutigung aus. In den Westzonen gibt es bald wieder Notbrücken, und erste Eisenbahnzüge rollen – langsam und primitiv, aber dennoch.

Enttrümmerung im großen wie im kleinen ist in den ersten Nachkriegsjahren die Hauptbeschäftigung eines Volkes, das zuvor selbst halb Europa in einen Trümmerhaufen verwandelt hat oder verwandeln wollte. Erfinderisch und tatkräftig gehen Millionen Tag für Tag an die Arbeit.

Tauschzentralen ersetzen den darniederliegenden Handel. Das Geld ist nahezu wertlos, um so mehr zählt der Sachwert. Persönlicher Besitz ist zumeist den Bomben und Plünderungen zum Opfer gefallen, aber das eine oder andere blieb übrig, und man tauscht es gegen den täglichen Bedarf ein.

Und natürlich blüht der schwarze Markt. Die illegalen Umsätze sind beträchtlich. Es ist kein ganz ungefährlicher Handel. Aber wo heute eine Razzia die Schwarzhändler stellt, floriert anderntags das dunkle Geschäft flott weiter. Im Hungerjahr 1947 wird auf dem schwarzen Markt in Berlin zu folgenden Preisen gehandelt: 20 amerikanische Zigaretten = 150 Reichsmark; 1 Kilogramm Kaffee = 1 100 Reichsmark; 3/4 Liter Schnaps = 150 Reichsmark; 1 Ei = 12 Reichsmark; 1 Schachtel Streichhölzer = 5 Reichsmark.

In den fünfeinhalb Kriegsjahren lernt das deutsche Volk, sich mit Katastrophen abzufinden und zu improvisieren, um zu existieren. Nun schweigen die Waffen, und trotz der harten Bedingungen des Friedens keimt die Hoffnung, daß morgen alles ein bißchen besser sein wird, als es heute ist. So flickt man Straßen und Gleise. So sucht man nach den Angehörigen. So findet man sich mit der knappen Ration an Nahrungsmitteln ab. So packt man's an.

Kriegsgefangene, Displaced Persons

Hitlers Armeen hatten die Welt erobern sollen und fünf Jahre fast ganz Europa besetzt gehalten. Was bleibt von ihnen übrig? Etwa 12 Millionen Wehrmachtsangehörige und Zivilpersonen geraten in Kriegsgefangenschaft. Durch die Kapitulation werden alle deutschen Soldaten Kriegsgefangene, auch die Verwundeten, auch Volkssturmangehörige zwischen 14 und 70 Jahren, Flak-Helfer, Nachrichten- und Stabshelferinnen.

Die Rote Armee treibt Millionen von Kriegsgefangenen in die Sowjetunion, wo Millionen sterben, oft schon auf den Märschen und Transporten. Die letzten Überlebenden kehrten 1956 aus Rußland heim. Die Vereinigten Staaten entlassen dreieinhalb Millionen deutsche Kriegsgefangene bis zum Juli 1946. Aus England kehrt der letzte deutsche Soldat 1948 zurück; Großbritannien hatte mehr als drei Millionen Gefangene gemacht. Die den Franzosen überlassenen deutschen Kriegsgefangenen, etwa eine Million, werden zu Bergwerks- und Aufräumungsarbeiten eingesetzt, zum Teil unter härtesten Bedingungen. Die Ungewißheit über das Schicksal der Kriegsgefangenen ist in den Jahren nach dem Kriege eine der ganz großen Sorgen des deutschen Volkes.

Und die kriegsgeschädigten Zivilisten? Drei Millionen sind 1945 obdachlos und irren über die Straßen. Viele kehren in ihre Städte zurück, aus denen man sie im Zuge der Kampfhandlungen evakuiert hatte. Unzählige sind Flüchtlinge. Der Flüchtling wird in den Jahren 1945 bis 1949 zur Symbolfigur der Zeit. Und der anschwellende Flüchtlingsstrom fließt immer nur in einer Richtung: von Osten nach Westen.

Aus der zerstörten Heimat flüchten Millionen in eine dunkle, vollkommen ungewisse Zukunft. Die Vertreibung aus den deutschen Ostgebieten geschieht unter Bedingungen, die allen erklärten Absichten der Sieger zuwiderlaufen. Ein Elendszug nach Westen setzt ein, der dem Elendszug der deutschen Kriegsgefangenen nach Osten entspricht. Millionen Deutsche bezahlen jetzt die von Deutschen in den osteuropäischen Ländern begangenen Greuel mit gleichen Opfern – auch wenn sie persönlich unschuldig sind.

Die Unterbringung der Vertriebenen stellt die alliierten und deutschen Verwaltungen vor eine unlösbare Aufgabe. Man weist sie in ehemalige KZs und Fremdarbeiterlager ein, in leere Fabrikhallen und Säle. Erst im Laufe von Jahren gelingt ihre Eingliederung in die Westzonen. Zum Teil begegnet ihnen Abneigung, ja Haß der Alteingesessenen, zum Teil auch menschliche Hilfsbereitschaft.

Zahlen sprechen eine grausame Sprache: bei Kriegsausbruch lebten fast zehn Millionen Deutsche in den ostdeutschen Reichsgebieten und etwa sieben Millionen Deutsche in den osteuropäischen Staaten – vor allem in den baltischen Ländern, in Polen, der Tschechoslowakei, Ungarn, Jugoslawien, Rumänien. Bis auf zweidreiviertel Millionen werden sie alle vertrieben. Etwa drei Millionen Deutsche kommen bei der Vertreibung ums Leben.

Die Armeen der Fremdarbeiter werden befreit. Ein Ventil ist geöffnet. Ein Überdruck entlädt sich. Die zwangsrekrutierten Arbeiter aus vielen europäischen Ländern, die für die deutsche Kriegsrüstung als Arbeitssklaven eingesetzt waren, ziehen plündernd und brandstiftend durch Deutschland. Die alliierten Soldaten werden ihrer nicht überall Herr. Millionen von Menschen verschiedenster Nationalität hatte der Hitler-Krieg entwurzelt. Mehrere Ströme strudeln nun durcheinander und machen ganz Mitteleuropa zu einem riesigen Wirrwarr von Völkerwanderungen: die deutschen Flüchtlinge aus dem Osten, die Fremdarbeiter, die kriegsgefangenen Deutschen und die befreiten alliierten Kriegsgefangenen.

Bis 1947 werden elf Millionen Fremdarbeiter und Kriegsgefangene der alliierten Soldaten in ihre Heimatländer zurückgeführt. Ungefähr eineindrittel Millionen „Displaced Persons" bleiben in den westlichen Besatzungszonen. Sie wollen nicht in ihre kommunistisch regierte osteuropäische Heimat zurück. Sie flüchten aus den von der Roten Armee besetzten Gebieten, vor allem Polen, Balten, aber auch Russen. Man schickt sie von Lager zu Lager.

Aus den schlimmsten Lagern der Hitlerjahre werden die am meisten Geschundenen befreit, kommen die Ärmsten der Armen wieder zum Vorschein, soweit sie überlebten: die KZ-Häftlinge. Wir wissen heute, daß in den deutschen Konzentrationslagern insgesamt etwa neun Millionen Menschen starben – neun Millionen, davon fünf bis sechs Millionen Juden. Die Existenz von Konzentrationslagern war bekannt gewesen – im Ausland, auch in Deutschland selbst. Was hinter den Stacheldrähten wirklich vor sich ging, wußten nur wenige – Hitler und seine Getreuen, die SS-Bewacher, die die Hebel der größten Mordmaschinerie betätigten, die es jemals gegeben hat.

Erst 1945 erfährt die Weltöffentlichkeit, erfährt auch das deutsche Volk, was tatsächlich geschehen war – was im Namen des deutschen Volkes begangen wurde. Leidenschaftlich wird nun außerhalb und innerhalb Deutschlands die Frage nach der Verantwortung des ganzen deutschen Volkes gestellt. Thomas Mann erklärt 1945 in einem alliierten Nachrichtenblatt: „Der gigantische Folterkeller, zu dem der Hitlerismus Deutschland gemacht hat, ist aufgebrochen, und offen liegt unsere Schmach vor den Augen der Welt."

Die Schuldfrage bleibt eines der aufwühlendsten Themen Trägt nicht wirklich letzten Endes das ganze Volk die politische Verantwortung für die Taten des Regimes, das es ganz legal an die Macht kommen ließ? Haftet es nicht bis zum letzten Mann gegenüber der Geschichte, gegenüber der Menschheit? Oder kann es jedem Volk passieren, daß explosive soziale, ökonomische und politische Verhältnisse eine radikale, skrupellose Minderheit ans Ruder bringen, von der sich ein Volk aus eigener Kraft nicht mehr befreien kann? Theodor Heuss prägt später das Wort von der „Kollektivscham" des deutschen Volkes.

Umerziehung, Hunger, schwarzer Markt

Die Besatzungsmächte entscheiden, daß der Schulbetrieb nicht vor Herbst/Winter 1945 aufgenommen werden darf. Die Lehrer sollen erst entnazifiziert werden, Schulraum muß neu geschaffen werden. Die Schüler bauen ihre Schulen zum Teil selbst wieder auf. Die Schulen werden in den verschiedenen Befehlsbereichen der Siegermächte nach deren höchst unterschiedlichen Vorstellungen wieder in Gang gesetzt. Die Russen sowjetisieren konsequent das Erziehungswesen ihrer Zone. Die Amerikaner haben ein ganzes „Umerziehungsprogramm" mitgebracht, die „reeducation". Engländer und Franzosen sind weniger eifrige Lehrmeister als Russen und Amerikaner in dem Bemühen, die besiegten Deutschen zu bessern.

Die Lage in den deutschen Hochschulen ist katastrophal. In Kiel behilft man sich mit drei Schiffen als Universitätsunterkunft. Das NS-Regime hatte viele Professoren vertrieben, die anderen hatten sich zumeist widerstandslos dem NS-Staat zur Verfügung gestellt. Sie gelten jetzt als politisch belastet und sollen nicht eine Jugend erziehen dürfen, von der sich die Besatzungsmächte und die neuen deutschen Führungskräfte das Entstehen eines anderen, besseren Deutschland versprechen. Dennoch beginnt der Lehrbetrieb notdürftig und mit unendlich viel gutem Willen. Ein weiter Horizont ist plötzlich aufgerissen, Lehrer und Studenten haben – allerdings nur in den westlichen Zonen – plötzlich Zugang zum geistigen Leben der ganzen übrigen Welt. Das ist – inmitten aller Alltagssorgen – eine beglückende Erfahrung jener Jahre für alle, die sich ihr öffnen.

Elementarer als alle bildungspolitischen Probleme kommt auch der Hunger ins Klassenzimmer. Die Amerikaner stehen mit weitem Abstand an der Spitze als Spender von Lebensmitteln. Die Engländer tun, was sie können. Aber auch neutrale Länder wie Schweden und die Schweiz leisten unvergeßliche Hilfe, besonders bei Schulspeisungen. Das evangelische Hilfswerk verteilt von 1945 bis 1949 56275 Kilogramm Liebesgaben aus dem Ausland im Wert von 200 Millionen D-Mark. Der katholische Caritas-Verband vollbringt ähnliche Leistungen. Sie wären nicht möglich ohne die Hilfe von Bürgern anderer Länder. Obwohl die Welt unter dem Eindruck der Kollektivschuld des deutschen Volkes am Krieg und an den NS-Greueln steht, helfen viele Völker den Deutschen, besonders den Kindern – ganz ähnlich wie nach dem Ersten Weltkrieg.

Die Rationen sind auf 1550 Kalorien pro Tag festgesetzt. Als Normalmenge sind 3000 bis 4000 Kalorien anzusehen, also das Doppelte. Kinder, Mütter und Schwerarbeiter erhalten Zulagen. Nach britischen Ermittlungen sind 1946 80 Prozent der Deutschen unterernährt, 50 Prozent leiden unter Hungerschäden, 40 Prozent sind tuberkulosegefährdet.

1946 sinken die Zuteilungen durch Verknappung der Lebensmittel auf 1015 Kalorien in der britischen und 1275 in der US-Zone. In der sowjetischen und der französichen Zone sind die Rationen ohnehin geringer. Es ist die Zeit der verwalteten Not, der Bezugsscheine und Lebensmittelkarten. Ängstlich verfolgen die Hausfrauen, welche Abschnitte der Lebensmittelkarten aufgerufen werden.

Wo Mangel und Not regieren, da blüht der schwarze Markt. Hier gilt die Zigarettenwährung: eine „Ami" gleich zwanzig Reichsmark. Ein Pfund Butter wird am 27. Mai 1945 in Berlin mit zwanzig Zigaretten notiert, das sind 400 Mark. Auch die ehrbarsten Bürger kommen zum schwarzen Markt. Sie versetzen letzten Besitz, um ein Pfund Butter oder Speck, um ein Brot zu ergattern. Jeder handelt mit allem. Das Auge des Gesetzes blickt manchmal absichtsvoll weg, manchmal wird aber auch ein ganzer Schwarzmarkt durchkämmt.

Für die Besatzungssoldaten besteht striktes Fraternisierungsverbot. Ein amerikanischer Soldat wird mit Strafe bedroht – bis zu 65 Dollar –, wenn er mit der deutschen Zivilbevölkerung persönliche Kontakte aufnimmt. Das ändert sich allmählich bis zum Herbst 1946. Bald sind der alliierte Soldat und sein „Fräulein" ein alltäglicher Anblick – nun von deutscher Seite oft mißbilligend wahrgenommen. Der Besatzungssoldat ist der König der Stunde. Für ein paar Päckchen Zigaretten kann er nahezu alles haben.

Unter Trümmern liegt begraben, was das Leben hübsch und bunt und reizvoll macht. Der Wunsch danach war nicht begraben. Die erste Frühlingsmodenschau nach dem Krieg im April 1946 in dem Berliner Nachtlokal „Femina" zeigte Andeutungen einer „befreiten Linie". Die Schultern der Kleider bleiben noch männlich betont, aber im übrigen sucht man nach einer mehr femininen, fließenden Silhouette. Aber woher die Stoffe nehmen und die Zutaten und das Geld für den Friseur? Ein schüchtern-schäbiges neues Nachtleben beginnt. Die Theater machen wieder auf. Trotz des allgegenwärtigen Hungers beginnen wieder Sportveranstaltungen. Im Oktober 1945 stehen sogar schon wieder Vergnügungsparks zur Verfügung. „Das Leben geht weiter", sagt man, obwohl noch unzählige Familienväter, Söhne, Brüder vermißt sind oder sich als Kriegsgefangene gemeldet haben.

Gehversuche mit demokratischer Politik

Die Besatzungsmächte suchen bald den Kontakt mit Deutschen, die zur Mitarbeit bei den vielfältigen und schwierigen Verwaltungsaufgaben geeignet erscheinen und die dazu bereit sind. Im Westen verläuft diese Entwicklung langsamer und liberaler als im Osten. Man beginnt hier auf der unteren, der lokalen Ebene mit der Zusammenarbeit. Man verständigt sich über dringliche kommunale Probleme: die unzureichende Versorgung, die Unterbringung von Flüchtlingen, den Wiederaufbau. Immer mehr Deutsche nehmen selbst die Aufgabe in die Hand, ein demokratisches Staatswesen auf den Trümmern der NS-Diktatur zu errichten. Das gilt auch für die gewerkschaftlichen Organisationen, die sich unter der Führung von Hans Böckler zu neuer Wirksamkeit zusammenfinden.

Die Chance der Stunde Null wird unterschiedlich genutzt. Die Militärverwaltungen verteilen Lizenzen, Genehmigungen zum Druck neuer Zeitungen an Persönlichkeiten, die politisch unbelastet sind. Mit dieser Lizenzvergabe wird damals, ohne daß die Beteiligten das immer ahnen, mitunter der Grundstein gelegt zu Reichtum und Macht. In der Sowjetzone ist die „Tägliche Rundschau" der Besatzungsmacht zunächst die einzige Informationsquelle.

Das deutsche Volk geht mit großer religiöser Gewecktheit und Bereitschaft aus dem Kriege hervor. In beiden Bekenntnissen haben sich Widerstandskräfte gegen das NS-Regime gesammelt und bewährt, die nun sichtbar werden. Die Kirche als Institution allerdings hatte dem nationalsozialistischen Terror mit viel Duldsamkeit zugesehen, ihm zum Teil sogar gedient. In den ersten Nachkriegsjahren gewinnt der Begriff „christlich" überkonfessionelle und politische Bedeutung.

Im Juni ergeht der Gründungsaufruf einer neuen Partei – der Christlich Demokratischen Union. Zu den Männern der ersten Stunde in allen vier Zonen gehören Konrad Adenauer, Andreas Hermes und Jakob Kaiser. Die Christlich Soziale Union in Bayern wird gegründet von Adam Stegerwald. Kurt Schumacher ist der Führer der Deutschen Sozialdemokratie, der einzigen demokratischen Partei, die an eine intakte Tradition anknüpfen kann.

Am 21./22. April 1946 vereinigen Otto Grotewohl und Wilhelm Pieck unter dem Druck der sowjetischen Besatzungsmacht die SPD mit der KPD. Das Ergebnis ist die SED, die Sozialistische Einheitspartei Deutschlands.

Dreierlei kennzeichnet die ersten beiden Jahre nach dem Kriege: der totale Zusammenbruch eines Volkes und seine neuen Hoffnungen; die unterschiedliche Deutschlandpolitik von vier Siegern; die beginnende Teilung Deutschlands mit gegensätzlichen Entwicklungen in Ost und West.

Die Stunde Null entscheidet über den Weg, den das deutsche Volk in allen Stunden seither nimmt. Die Chance einer vernünftigen Friedensregelung für Mitteleuropa ist schon in den Konferenzen von Teheran und Jalta, später in Potsdam verspielt worden. Die Russen erringen eine europäische Vormachtstellung, wie sie Hitler auf seine Weise für Deutschland angestrebt hatte. Die Amerikaner sind vor Kriegsende zu kurzsichtig, dieser Konzeption rechtzeitig eine eigene und andere, eine westlich-freiheitliche und „atlantische" Konzeption entgegenzustellen.

Zug um Zug verwirklichen die sowjetrussischen und deutschen Kommunisten die geplante Umwandlung des ihnen zugefallenen Teils von Deutschland in eine kommunistische Volksrepublik. Es wird eine radikale Bodenreform durchgeführt. Enteignet werden die Banken und Sparkassen, der Reichs- und Parteibesitz, die großen Industrieunternehmen. Ein Viertel aller Industriebetriebe machen die Russen zu sowjetischen Aktiengesellschaften, sogenannten SAGs. Der Rest wird zu VEBs, volkseigenen Betrieben.

Hitler will 1945 das deutsche Volk total zerstören. Das gelingt ihm nicht. Das deutsche Volk lebt weiter – unter fremder Herrschaft – geteilt. Die Alliierten haben den Krieg gewonnen, aber eine Friedensordnung bringen sie nicht zustande. So wird die Chance der Stunde Null vertan.

Flüchtlinge, Heimatvertriebene

Deutschland nach dem Kriege – das ist für viele Jahre lang ein anderes Wort für Flucht, für Flüchtlinge. Ein nicht aufzuhaltender, nicht abreißender Strom von Menschen treibt von Ost nach West. Manchmal sind es Tausende an einem Tag, die die Zonengrenze überqueren, manchmal sikkern nur einzelne durch.

Noch ist die Bewachung nicht überall lückenlos. Es gibt günstige Stellen, die man einander flüsternd weitersagt. Die sogenannte „Grüne Grenze" ist oft auch der einzige Weg, um Verwandte auf der anderen Seite zu besuchen. Viele gehen hin und zurück, ehe sie endgültig flüchten.

Oft geht es gut, nicht selten ereignen sich Tragödien. Am schlimmsten sind die Ostdeutschen dran, die aus ihrer Heimat vertrieben werden. Viele von ihnen flüchten schon vor der Roten Armee oder werden später auf Grund des Potsdamer Abkommens ausgesiedelt. Sie können oder wollen in der sowjetisch besetzten Zone nicht Fuß fassen. Sie wandern weiter, immer nach Westen, immer nach Westen, über eine Grenze, die man abstrakt „Demarkationslinie" nennt.

Auf der westlichen Seite der Zonengrenze müssen immer mehr Auffanglager errichtet werden. Erschöpfte Menschen finden hier Unterschlupf. Niemand zählt sie. Erst 1949 registriert man die Flüchtlinge statistisch. Schätzungen sprechen von 800 000 Flüchtlingen 1945, von 600 000 1946, in den beiden ersten Nachkriegsjahren also 1,4 Millionen – darunter fast eine Million Heimatvertriebene, die nicht in der sowjetischen Besatzungszone bleiben wollen.

1947/48/49 geht der Flüchtlingsstrom zurück auf 330 000 bis 270 000 Menschen pro Jahr. Sie kommen zumeist ohne jede Habe, nur mit dem, was sie bei sich tragen. Hinter sich das Nichts, vor sich die Ungewißheit, ob man sie aufnimmt, wo und wie sie unterkommen. Sie werden nicht gerade mit offenen Armen empfangen.

Die neue geistige Freiheit

Jene drei schlimmen Jahre, vom Zusammenbruch im Mai 1945 bis zur Währungsreform im Juni 1948, sind allem Elend zum Trotz eine Zeit der Einkehr; die leibliche Not ist so groß, daß man im Geistigen und im Schönen Trost sucht. Vor allem aber genießt man, hungernd zwar und frierend: die lang ersehnte geistige Freiheit.

Literatur und Theater, Musik und Malerei, Kabarett und Film kommen mit neuen Namen, unbekannten Werken heraus, und eine neue Presse, ein neuer Rundfunk kommentieren und kritisieren das alles mit einem Freimut, den die damals Jüngeren noch niemals gehört hatten und den die damals Älteren als Erinnerung aus der Zeit der ersten deutschen Demokratie, der Weimarer Republik, herübergerettet haben.

Der kulturelle Aufschwung geht schneller als der wirtschaftliche. Den Malern fehlt es an Farben, an Öl, an Leinwand, aber sie dürfen ihre Vorbilder und Meister jetzt suchen, wo sie wollen. Es erscheinen neue Bücher und Broschüren, auf schlechtem Holzpapier gedruckt, doch enthusiastisch gelesen, und durch das allmähliche Bekanntwerden mit ausländischen Autoren gelingt der Anschluß an das geistige Leben der freien Welt.

1949 findet die erste Nachkriegsbuchmesse in Frankfurt am Main statt. Bis dahin entwickelt sich die Bücherproduktion sprunghaft: 1945/46 erscheinen 2409 Buchtitel und 251 Zeitschriften; 1947 sind es 8901 Buchtitel und 494 Zeitschriften; 1948: 13441 Buchtitel und 843 Zeitschriften; 1949: 19592 Buchtitel und 1112 Zeitschriften.

Vor allem Berlin entfaltet trotz seiner Insellage ein äußerst reges geistiges Leben. Noch strömen die Anregungen aus allen Himmelsrichtungen heran, auch aus dem Osten, aus der Sowjetunion. In dem ehemaligen Kino Titania-Palast in Berlin-Steglitz wird wieder Wilhelm Furtwängler bewundert. Er dirigiert den „Till Eulenspiegel" von Richard Strauss – die Berliner Philharmoniker treten zum ersten Male wieder im Frack auf.

Aus Paris kommt Jean-Paul Sartre, der damals ungemein lebhaft diskutierte Philosoph und Dramatiker. Im Hebbel-Theater stellt er sich einer Diskussion, sein Stück „Die Fliegen" wird nun auch in Deutschland uraufgeführt. Jürgen Fehling, einer der großen Theatermänner der zwanziger und dreißiger Jahre, führt Regie. 1947 kommt Yehudi Menuhin, der weltberühmte amerikanische Violinvirtuose, nach Berlin. Menuhin wird außerordentlich gefeiert – als Künstler, aber auch, weil er trotz seiner jüdischen Herkunft Deutschland nicht meidet. Berlin erlebt 1945 bis 1948 ein unvergleichliches Angebot an kulturellen Veranstaltungen. Die Blockade West-Berlins bewirkt 1948/49 einen tiefen Einbruch.

Der Wille zum Weiterleben ist wieder wach. Er drückt sich mehr und mehr auch darin aus, daß die Deutschen wieder anfangen zu lachen, sich zu unterhalten. Sie greifen dabei zunächst auf das bewährte Alte zurück. Selbst eine so harmose Operette wie das „Weiße Rössl" von Ralph Benatzky war im Dritten Reich verboten gewesen. 1947 findet eine Neuinszenierung in München statt – zugunsten des amerikanischen Hilfswerks für die deutsche Jugend. Neue amerikanische Tänze kommen nach Deutschland. Im Berliner „Kabarett der Komiker" werden sie parodiert. Die Jugend übt den „Boogie-Woogie".

Das Studieren – in jenen Jahren ist es ein Abenteuer eigener Art. Zum Lernen bleibt wenig Zeit. Man muß das tägliche Brot verdienen, Heizung beschaffen, aufpassen, wenn irgendwelche Lebensmittelabschnitte aufgerufen waren. Außerdem haben manche Studenten auch schon Kinder.

Der Streit der Sieger

Das Jahr 1947 ist das entscheidende Jahr der Deutschlandpolitik nach dem Kriege. 1945 hatten die Mächte in Potsdam einen Außenministerrat konstituiert. Er sollte einen Friedensvertrag für Deutschland vorbereiten. Der Außenministerrat hält insgesamt sechs Sitzungen ab; die entscheidenden finden 1947 statt, eine im Frühling in Moskau, eine im Dezember in London. Es zeigt sich, daß die Gegensätze zwischen Sowjetaußenminister Molotow und US-Außenminister Marshall unüberbrückbar sind. Der britische Außenminister Bevin und der französische Außenminister Bidault spielen in dem immer heftiger werdenden Zweikampf Nebenrollen, wobei ein gewisser Gegensatz zwischen den Angloamerikanern und den Franzosen die Situation noch kompliziert.

Die weltpolitische Entfremdung zwischen den Verbündeten des Zweiten Weltkrieges verwandelt den gemeinsamen Kampf gegen Deutschland in einen rivalisierenden Kampf um Deutschland. Diesem Kampf fällt die Einheit Deutschlands, die Einheit Europas zum Opfer. In Moskau können sich im Frühjahr 1947 die vier Außenminister weder über die Gestalt und die Befugnisse einer deutschen Zentralverwaltung einigen, noch über den Aufbau eines „Konsultativrates", aus dem eine provisorische deutsche Regierung hervorgehen sollte. Auch die Frage der deutschen Ostgrenze kommt zur Sprache. Molotow beharrt darauf, daß bereits im Potsdamer Abkommen der drei Mächte die Oder-Neiße-Linie als Grenze festgelegt worden sei.

Folgenschwer sind die Zusammenstöße zwischen den Außenministern der Westmächte und Molotow in der Frage der Reparationen. Die Russen fordern Leistungen aus der laufenden deutschen Produktion aller Zonen. Außenminister Marshall erklärt, das würde zur vollständigen Verelendung des deutschen Volkes führen, zu einem gefährlichen Unruheherd in Mitteleuropa. Andererseits seien die USA nicht bereit, etwa 10 Milliarden Dollar indirekt an die Sowjetunion zu zahlen, indem sie eine Ankurbelung der deutschen Wirtschaft finanzierten, die indirekt der Sowjetunion zugute kommen würde. Außenminister Bevin konstatiert lakonisch: „Wir können von den Deutschen nicht verlangen, was sie gar nicht haben."

In Osteuropa konsolidiert sich das Sowjetimperium. Der Imperialismus Stalins beansprucht alles europäische Territorium, wohin die Rote Armee vorgedrungen ist, als sowjetischen Herrschaftsbereich. In Erkenntnis dieser Lage kommt es zu einem amerikanischen Gegenplan für Westeuropa, dem „European Recovery Program", bekannt als Marshall-Plan. Diese neue amerikanische Europapolitik führt 1948 zur Währungsreform, die dann die Berliner Blockade auslöst. Das Ergebnis des Kampfes um die Vorherrschaft in Europa ist die Teilung des Kontinents und die Errichtung zweier deutscher Staaten.

Unter strenger Geheimhaltung sind in den USA neue Banknoten gedruckt worden. Sie werden an die Abgabestellen verteilt. Zunächst muß man abermals anstehen. Lange Schlangen bilden sich vor den Umtauschzentralen, wo es die nagelneuen Scheine gibt. Die Währungsreform ist Teil der neuen amerikanischen Europa- und Deutschlandpolitik. In den Plänen Washingtons nimmt die wirtschaftliche Gesundung Westdeutschlands einen zentralen Platz ein. Der Marshallplan kann nur gelingen, wenn die deutsche Währung in Ordnung gebracht wird. Die Verschuldung des deutschen Reiches beträgt schon bei Kriegsende 240 Milliarden Reichsmark. Die Reichsmark wird an den internationalen Börsen nicht mehr beachtet. Sie ist auch im Lande kaum noch etwas wert. Die freie Marktwirtschaft, von den Amerikanern begünstigt, führt zu jener Entwicklung, die man später das deutsche „Wirtschaftswunder" nennt.

Währungsreform und Blockade

In der Nacht vom 23. auf den 24. Juni 1948 wird der Verkehr zwischen Berlin und Helmstedt eingestellt – angeblich wegen technischer Schwierigkeiten. Das ist der Beginn der Blockade Berlins. Im Kalten Krieg zwischen Westmächten und Sowjetunion kommt es zur ernsten und großen Kraftprobe.

Der damalige amerikanische Stadtkommandant in Berlin, General Lucius D. Clay, schildert später in seinen Memoiren, wie er in einem Telefongespräch mit dem US-Verteidungsministerium seine Beurteilung der Lage darlegt: „Die Tschechoslowakei haben wir verloren. Norwegen schwebt in Gefahr. Wir geben Berlin auf. Wenn Berlin fällt, folgt Westdeutschland als nächstes. Wenn wir fortgehen, gefährden wir unsere europäische Position. Falls Amerika dies jetzt nicht versteht, wenn es nicht begreift, daß die Würfel gefallen sind, wird es nie zu dieser Erkenntnis kommen, und der Kommunismus wird alles überrennen. Ich glaube, die Zukunft der Demokratie verlangt von uns, daß wir bleiben." General Clay bittet den US-Außenminister Marshall in Washington um Transportflugzeuge. Eine Viertelstunde später trifft in Berlin ein Funkspruch ein: „Wir haben die größten Transportflugzeuge in allen Teilen der Erde angewiesen, sich sofort zur Atlantikküste zu begeben. Sie werden Maschinen und Hilfe erhalten, die Sie brauchen. Gott schütze Berlin."

Es ist einer der großen Augenblicke der jüngeren deutschen Geschichte, als Ernst Reuter vor dem deutschen Reichstag die Welt aufruft, Berlin nicht im Stich zu lassen. „Ihr Völker der Welt, Ihr Völker in Amerika, in England und in Frankreich, schaut auf diese Stadt und erkennt, daß Ihr diese Stadt, dieses Volk nicht preisgeben dürft, nicht preisgeben könnt." Professor Reuter führt Berlin an der Seite der drei westlichen Stadtkommandanten durch die 324 Tage der Blockade. Reuter und General Clay, die Piloten der Luftbrücke und die Berliner – sie wachsen in den elf schweren Monaten zu einer Gemeinschaft zusammen, von der ein neuer Selbstbehauptungswille des deutschen Volkes ausgeht.

Der „Airlift", die Luftbrücke, ist das größte Unternehmen seiner Art in der Geschichte der Luftfahrt. Zweieinhalb Millionen Einwohner einer Großstadt werden elf Monate lang ausschließlich aus der Luft versorgt. Man hat die Versorgungsflüge genau gezählt. Es sind 277 264. Der erfolgreichste Tag der Luftbrücke ist der 16. April 1949: alle 63 Sekunden landet ein Flugzeug. Insgesamt werden 1 343 315 Tonnen Güter durch die Luft befördert.

Die Luftbrücke fordert Opfer. 39 Engländer, 31 Amerikaner und neun Deutsche kommen bei Flugzeugunglücken ums Leben. Der Airlift kostet anderthalb Milliarden D-Mark. Dreizehnhundert Millionen tragen die Amerikaner, zweihundert Millionen die Engländer. Blockade und Luftbrücke sind die entscheidende Wendemarke in den Beziehungen der Deutschen zu den westlichen Besatzungsmächten.

Während der Blockade entsteht in Westberlin eine neue Universität. Zuerst revoltieren einige Studenten, die sich an der im Ostsektor gelegenen alten Berliner Universität nicht geistig bevormunden lassen wollen. Ihnen folgen einige Hochschullehrer. Groß ist die Erbitterung der ersten Studenten der „Freien Universität" gegen den kommunistischen Meinungsterror.

Sehr bescheiden sehen die Anfänge dieser Freien Universität aus. Sie wird am 3. Dezember 1948 in dem Westberliner Villenvorort Dahlem gegründet. Die amerikanische Militärregierung unterstützt die Gründung, die Henry-Ford-Stiftung stellt erhebliche Mittel bereit. Einige Professoren bekennen sich zu dem Experiment, viele bleiben abseits. Das Praktikum der Mediziner und Naturwissenschaftler, Vorlesungen und Seminare bei den Geisteswissenschaften beginnen unter großen materiellen Schwierigkeiten. Oft machen schon allein die Stromsperren einen geregelten Lehrbetrieb unmöglich. Manche Professoren lesen bei Kerzenlicht.

Über Nacht, wie sie begann, ist die Blockade auch wieder zu Ende. Bei der UNO in New York haben Botschafter Jessup für die USA und Botschafter Malik für die Sowjetunion die diplomatischen Voraussetzungen dafür geschaffen. Stalin ist bereit einzulenken, wenn die Westmächte neuen Deutschlandverhandlungen zustimmen. Das tun sie.

Der Weg zur Bundesrepublik Deutschland

Die Entwicklung in Deutschland nach dem Kriege hängt weitgehend von den Absichten und Entscheidungen in Moskau und Washington ab. Wie dieser vorgegebene Rahmen ausgefüllt wird, ist dann zu einem guten Teil Sache der Deutschen selber. Aber im Osten bestimmen Deutsche radikal anderer politischer Herkunft und Zielsetzung als im Westen den Kurs.

In der Stunde Null ist noch mancherlei offen. Aber Stalins Anspruch, Deutschland auszubeuten und es später allenfalls in eine neutralistische Abhängigkeit von der Sowjetunion zu entlassen, stößt auf den Widerstand der Westmächte. 1946 und energischer 1947 beantworten die Vereinigten Staaten die kommunistische Herausforderung. Amerika baut Westeuropa – unter Einbeziehung der Westzonen Deutschlands – wirtschaftlich wieder auf. Eine europäische Gemeinschaft, ein politischer Zusammenschluß wird konzipiert, ein militärischer in die Wege geleitet.

Die Berliner Blockade ist die erste harte Probe aufs Exempel der entgegengesetzten Deutschlandpolitik Moskaus und Washingtons. Die Russen lenken ein, aber die Weichen sind gestellt: Jeder behält, was er hat, und bezieht es von nun an ohne die Illusion einer Viermächte-Einigung über Deutschland in seinen Machtblock ein. Die Dinge steuern unvermeidlich auf die Bildung zweier deutscher Staaten zu.

Wiederum, wie schon bei der Währungsreform, lassen die Russen den Westmächten den Vortritt. Für sie ist es eine bloße Formalität, ihren getreuen deutschen Statthaltern die Scheinsouveränität zu gewähren. Die Westmächte wünschen einen deutschen Staat, der aus geheimen, freien und gleichen Wahlen hervorgehen soll. Die Vorarbeiten hierzu sind bereits auf der Londoner Sechs-Mächte-Verhandlung vom 20. April bis 3. Juni 1948 geleistet worden. Die drei Westmächte USA, England, Frankreich ziehen die drei Benelux-Länder hinzu: die Niederlande, Belgien, Luxemburg. Die Sowjetunion wird nicht beteiligt, was einen heftigen ost-westlichen Notenwechsel zur Folge hat.

Die Londoner Beratungen bereiten die Rückgabe der Regierungsverantwortung an das deutsche Volk vor. Dem deutschen Volk soll die Möglichkeit gegeben werden, auf der Basis einer freien und demokratischen Regierungsform die schließliche Wiederherstellung der gegenwärtig nicht bestehenden deutschen Einheit zu erlangen.

Aus den Londoner Beratungen gehen die Frankfurter Dokumente hervor. Sie ermächtigen die Ministerpräsidenten der Länder der Trizone, eine verfassungsgebende Versammlung einzuberufen, die eine föderalistische Bundesverfassung ausarbeiten soll. Die Frankfurter Dokumente sind „die Geburtsstunde der Bundesrepublik". Eine zentrale staatliche Ordnung wird auf dem Gebiet der drei Westzonen neu begründet. Die Ministerpräsidenten folgen der Aufforderung der westlichen Besatzungsmächte, da die sowjetische Politik keine gesamtdeutsche Verwaltung zuläßt.

Führende deutsche Politiker gehen nun an die Ausarbeitung einer Verfassung, die sie, um ihren provisorischen Charakter zu betonen, das Grundgesetz nennen. Der Parlamentarische Rat tritt am 1. September 1948 in Bonn zusammen. Er besteht aus 27 Abgeordneten der CDU/CSU, 27 der SPD, 5 der FDP, 2 der KPD, 2 des Zentrums – mit beratender Stimme kommen 5 Abgeordnete aus Berlin. Präsident des Parlamentarischen Rates wird Konrad Adenauer, Vorsitzender der CDU in der britischen Zone. Carlo Schmid (SPD) übernimmt den Vorsitz des Hauptaussschusses. Die FDP-Fraktion führt Theodor Heuss. In den Besprechungen unterstützen CDU und mehr noch CSU das föderalistische Prinzip, während die SPD eine starke Bundesgewalt fordert. Die FDP tritt für Kompromisse ein und sucht den Ausgleich.

Unter Leitung von Carlo Schmid findet am Jahresende 1948 die erste Lesung der bis dahin erarbeiteten Teile des Grundgesetzes statt. Das Grundgesetz als Ganzes wird am 8. Mai 1949 vom Parlamentarischen Rat angenommen. Dies ist der vierte Jahrestag der bedingungslosen Kapitulation des Deutschen Reiches 1945.

Kurz darauf, am 12. Mai, stimmen die Militärgouverneure dem Grundgesetz zu. Schon am 23. Mai 1949 wird das Grundgesetz im Bundesgesetzblatt verkündet, nachdem es die Landtage (mit Ausnahme von Bayern) ratifiziert haben. Dies war juristisch die Gründung der Bundesrepublik Deutschland.

Für den 14. August 1949 werden in den drei Westzonen die ersten deutschen Bundestagswahlen angesetzt. Es ist die erste demokratische Wahl in Deutschland auf überregionaler Ebene seit 1933. Sie verläuft ruhig, die Wahlbeteiligung beträgt 78,5 Prozent. Von den abgegebenen gültigen Stimmen entfallen auf die CDU/CSU 31 Prozent, auf die SPD 29,2 Prozent, auf die FDP 11,9 Prozent, auf die KPD 5,7 Prozent, der Rest auf kleinere Parteien.

Am 7. September 1949 konstituiert sich der erste deutsche Bundestag. Den Vorsitz bei der konstituierenden Sitzung hat der langjährige Präsident des Reichstages der Weimarer Republik, der Sozialdemokrat Paul Löbe. Erster Bundespräsident wird Theodor Heuss, erster deutscher Bundeskanzler Konrad Adenauer. In Bonn bereitet man den Plenarsaal für das erste deutsche Nachkriegsparlament vor. Schwarz-Rot-Gold, die Farben der ersten deutschen Demokratie, der Weimarer Republik, wehen über dem neuen Bundeshaus.

„Das Alte stürzt,
es ändert sich die Zeit und neues Leben blüht aus den Ruinen." Friedrich Schiller konnte nicht ahnen, wie tief das Alte stürzen kann, wie radikal sich Zeiten ändern und wie wunderbar trotz alledem neues Leben auch aus den wüstesten Ruinenfeldern der Geschichte blüht. All dies ereignete sich 1945. In Deutschland. Ruinen in Stuttgart (links) und München.

Kinder

suchen ihre Eltern – Eltern suchen ihre Kinder. Der Suchdienst des Roten Kreuzes und die Kirchen versuchen zu helfen, die Verzweiflung zu mildern. Geduldig wird ermittelt und vermittelt. – Das halbe Volk der Deutschen ist auf der Flucht – vor allem von Ost nach West.

Trecks
aus den deutschen Ostgebieten fliehen vor den russischen Armeen, vor allem Kinder und Frauen. Die Flucht dauert Tage und Wochen, Müdigkeit und Erschöpfung zeichnen die Gesichter.

Ein Landwirt aus Ostpreußen
findet sich 1946 mit seiner Familie in einem Flüchtlingslager wieder.

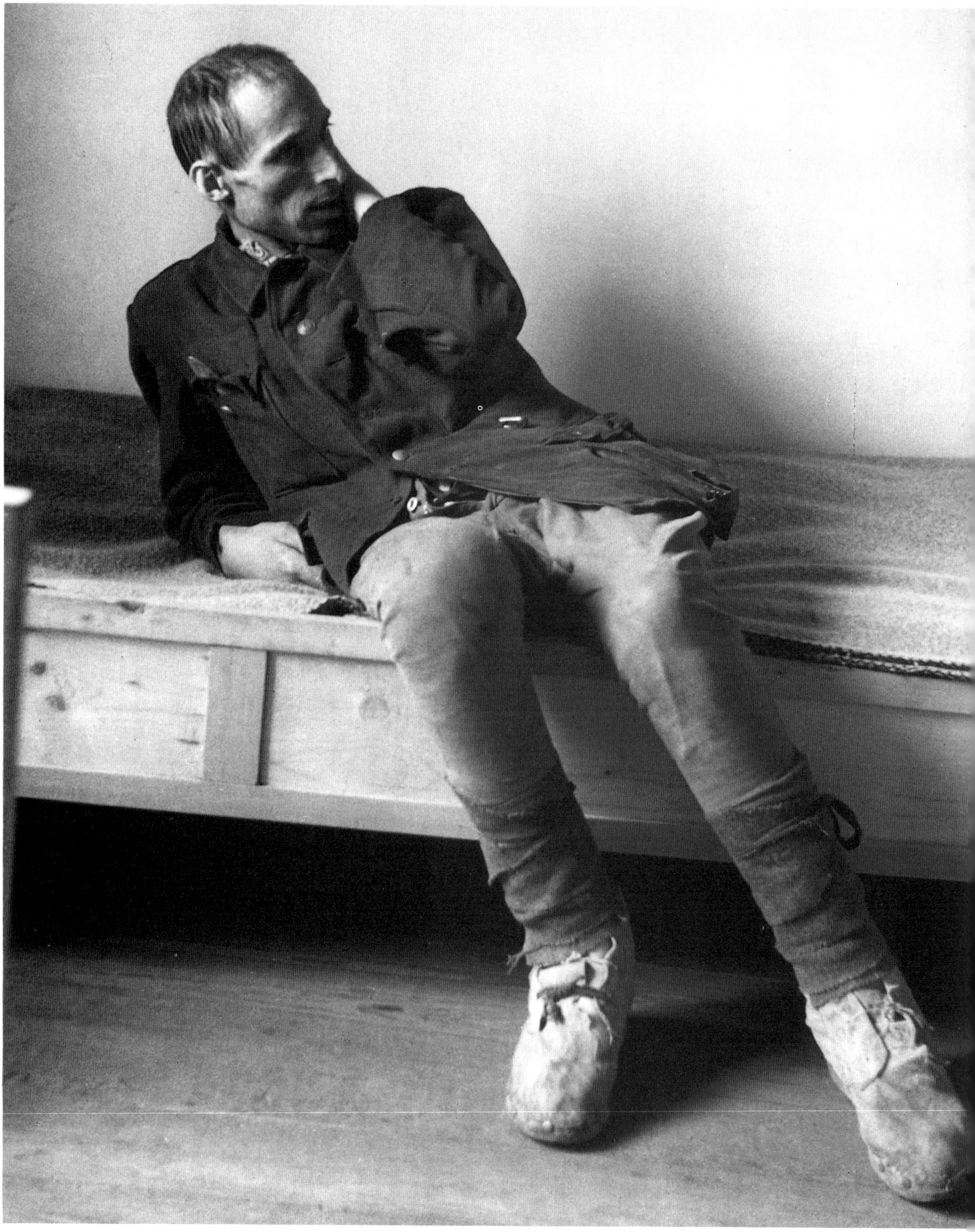

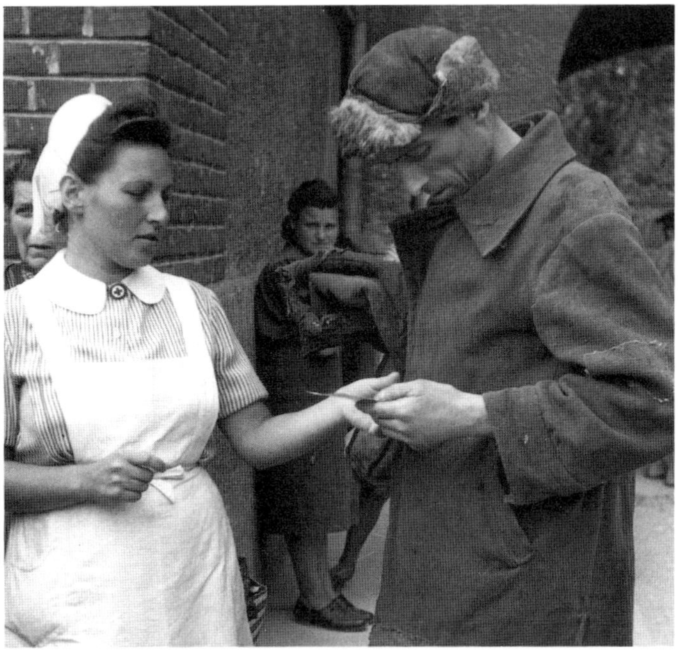

Spätheimkehrer *und Heimkehrer aus den Kriegsgefangenenlagern. Millionen sind es – weitere Millionen kehren nie zurück. Die Überlebenden haben es oft schwer, wieder gesund zu werden, sich zurechtzufinden im Zivilleben. Durch die Kapitulation des Deutschen Reiches am 8. Mai 1945 werden alle deutschen Soldaten Kriegsgefangene: etwa zehn Millionen Männer. Viele sehen die Freiheit erst nach Jahren wieder, für immer von der Kriegsgefangenschaft gezeichnet. Die Heimat ist ihnen fremd geworden. Und doch fängt ein neues Leben an, auch für sie.*

Gute Heimkehr -
Frohes Schaffen

Die Parole ist sicher gut gemeint:
Gute Heimkehr, frohes Schaffen. Aber den Heimkehrern muß sie höhnisch vorkommen. Frohes Schaffen angesichts der Ruinen, der Demontage, des Hungers? Viele der Rußlandheimkehrer sind zu schwach, um sich auf dem ersehnten Heimatboden auf eigenen Füßen bewegen zu können.

Trümmerfrauen *räumen Stein für Stein die Straßen, bauen die Häuser wieder auf, die die Luftangriffe zerstört haben. Eine alte Frau vor den Mauern der Nürnberger Burg.*

„Niemand in Amerika
kann ahnen, wie es in Deutschland aussieht und was die Menschen hier leiden", sagt Mr. French, Leiter der amerikanischen Care-Organisation, nachdem er mit Mitarbeitern die Ruinenlandschaft, die einmal Deutschland war, besichtigt hat (hier 1947 in Pforzheim).

Herbst 1946 in München, *Ecke Hess- und Luisenstraße. Hier stand einmal der „Luisenhof". Hans Wolf, der Wirt, baut ihn mit eigenen Händen wieder auf. 1948 ist Wiedereröffnung.*

Arbeiter beginnen
in Essen mit dem Wiederaufbau der Kruppwerke (oben). In der Pfalz braucht die amerikanische Besatzungsmacht Kasernen. Heimgekehrte deutsche Soldaten stampfen sie aus dem Boden, aus den Trümmern (rechts). Ihre Arbeitskleidung besteht aus alten Uniformteilen.

Der Luisenplatz
in der zerstörten Darmstädter Innenstadt. Die Technische Hochschule ist wieder geöffnet, schon bestimmen erneut Studenten das Straßenbild (oben). Auf dem Römerberg im Herzen von Frankfurt am Main wird in alten Wannen und Eimern Gemüse gezogen (rechts).

Zigaretten
sind begehrteste Mangelware, der schwarze Markt hat seine eigene „Zigarettenwährung". So gehört das Zigarettenkippensammeln bald zu den typischen Beschäftigungen der ersten Nachkriegsjahre – so würdelos es auch aussieht.

11
11
16 15

Zu Umschlagplätzen
werden die halbzerstörten Bahnhöfe der deutschen Großstädte. Noch gibt es keinen zivilen Autoverkehr. Die mit Kohle geheizten alten Lokomotiven ziehen überfüllte Züge quer durch Deutschland. – Hauptbahnhof Frankfurt am Main im Jahr 1947 (links). Reisende schleppen oft ihre gesamte Habe mit sich. Auch Soldaten der Besatzungsmächte benutzen die deutsche Eisenbahn.

[redacted]

„Es ist äußerst wichtig, jedem Deutschen zu Bewußtsein zu bringen, daß Deutschland diesmal geschlagen ist. Alle Deutschen sollen es spüren, daß die ganze Nation an einer verbrecherischen Verschwörung gegen die Anstandsgesetze der modernen Zivilisation teilgenommen hat."

FRANKLIN D. ROOSEVELT, 1944

„Ich kam nach München, das im kalten Novemberregen einer nassen, verwahrlosten Jammerstätte glich. Immer standen große Haufen von Menschen in ihrer erbärmlichen Kleidung an den Haltestellen der Straßenbahn, die selten kam, klammerten sich in Trauben auf die Trittbretter der überfüllten Wagen, wurden von den Gummiknüppeln der MPs, der amerikanischen Militärpolizisten mit ihren strammsitzenden Hosen und ihren weißen Gamaschen, heruntergefegt. Immer lungerten Scharen von hungrigen Kindern, auch solchen, denen die Bomben ein Bein weggerissen hatten und die auf einem Stumpf hüpften, vor den amerikanischen Hotelquartieren herum, in der Hoffnung auf etwas Schokolade, Kaugummi oder Kekse, die ein mitleidiger Soldat ihnen zuwerfen mochte."

CARL ZUCKMAYER

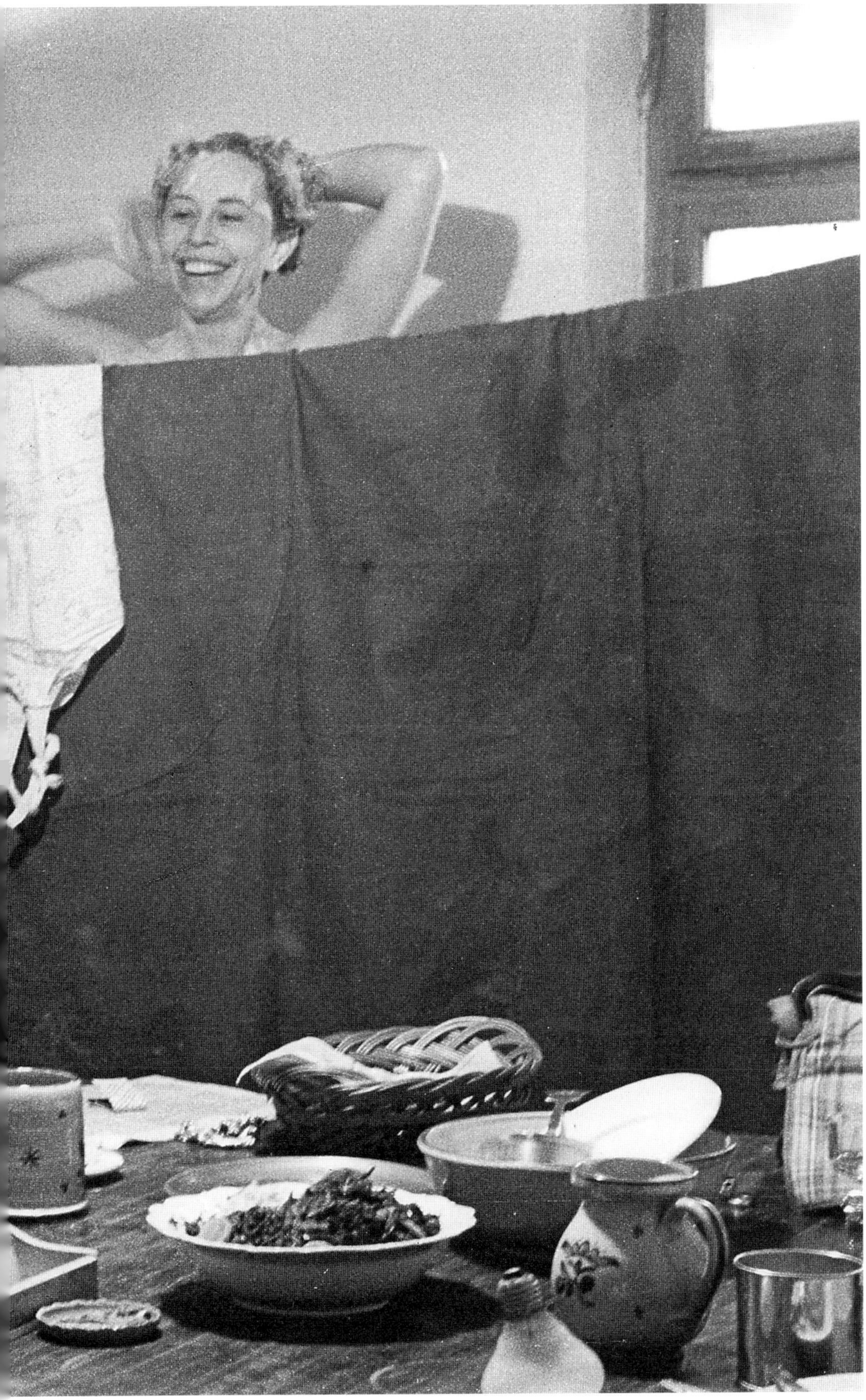

„Ausgebombt“
– das ist auch 1947 noch ein Schreckenswort für viele Deutsche. Küche und Bad in einem Raum? Man freut sich über den Luxus einer warmen Dusche und daß man irgend etwas zu essen auf dem Tisch hat. Man richtet sich ein im „Behelfsheim“.

Als Notunterkunft *dient ein Güterwagen. Auf dem Abstellgleis blüht das neue kleine Glück. Vater hält sogar Kaninchen (rechts). – Glücklich, wer etwas auf dem Handwägelchen zu ziehen hat – zumal ein Care-Paket. – Bestaunt wird vor der Berliner Kaiser-Wilhelm-Gedächtniskirche das einzige zivile Personenauto weit und breit. – „Toor“, schreit der Amputierte und vergißt die Krücke. – Auch Rummelplätze – hier in Stuttgart – haben schon wieder Betrieb.*

GAS · ELEKTRO · HERDE UND ÖFEN

Mode in München: 1947
Mannequins führen Handgewebtes vor – am Haus der Kunst und vorm Monopteros im Englischen Garten. Das Kriegsende liegt zwei Jahre zurück. Die Frauen wollen wieder schick aussehen.

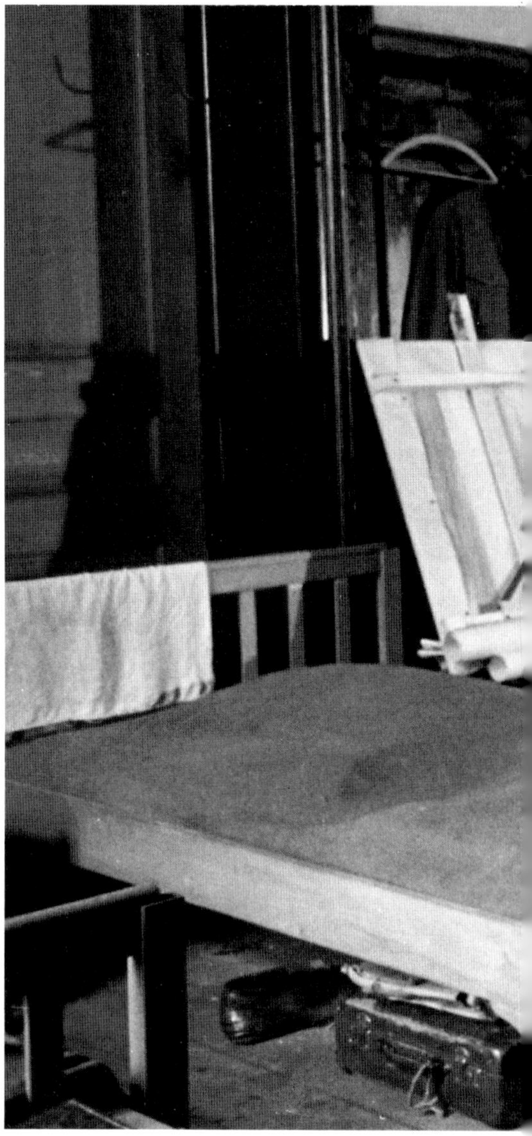

Für den Ofen im Hörsaal *hackt ein Student 1947 vorm Hauptportal der Universität Heidelberg Holz. – Darmstadt 1947. Aus dem Pauklokal einer studentischen Verbindung, wo einst gefochten wurde, ist das Arbeits- und Schlafzimmer von Studenten der Technischen Hochschule geworden. – Studenten, aus dem Krieg heimgekehrt, haben bald Familie. Sie arbeiten am Küchentisch. – Der Philosoph Karl Jaspers, nach Basel emigriert, besucht seine alte Universität Heidelberg – 1947.*

„No fraternization"
– keine Kontakte mit den Deutschen, so wurde den amerikanischen Soldaten eingeschärft. Das Verbot lockerte sich schon 1946 – nicht nur auf dem Karussell.

C
20

Dialog in Schwetzingen
zwischen Droschkenkutscher und US-Militärpolizei im Jeep. Die „MPs" sind oft – wie oben in Nürnberg – im Straßenbild zu sehen, verlieren bald trotz ihres martialischen Aussehens den Schrecken für die Kinder.

Coca-Cola

Schwarzer Markt
am Königstor in Nürnberg. Eine „Ami“ (Zigarette) kostet sieben Reichsmark, ein Ei zwölf Reichsmark, ein Kilo Kaffee tausend Reichsmark. – Ein amerikanischer Soldat (GI) fotografiert sein deutsches „Frollein“ – 1945. – Amerikaner und amerikanische Lebensart beginnen den Alltag zu prägen – Bahnhofshalle in Frankfurt am Main (links).

Gehandelt wird *mit allem. Oft wandert der letzte gerettete Besitz auf den schwarzen Markt oder in die Tauschzentralen. – Vor dem „Black Market“ wird gewarnt, aber nichts floriert so kräftig in den Nachkriegsjahren wie der Schwarzhandel.*

BLACK MARKET ACTIVITIES!
SELLERS AND RECIPIENTS WILL RECEIVE
THE MAXIMUM PENALTY.
MIL. GOVT. SUMMERY COURT IS IN SESSION!
ACHTUNG!! SCHWARZER MARKT
VERKÄUFER U. KÄUFER SETZEN SICH SOFORT
STRENGSTER BESTRAFUNG DURCH DAS
AMERIKANISCHE MILITÄRGERICHT AUS!

Das erste Gemüse
wird 1946 auf dem zerbombten Nürnberger Markt angeboten.

Umrüstung:
Aus Granatenkartuschen werden Trinkbecher, und einer Bombenhülle muß man nur ansehen, daß sie eigentlich eine Badewanne sein will. – Tief im Trümmerschutt einer Stuttgarter Straße ist eine „Imbißstube“ entstanden. Gegen Lebensmittelkarten gibt es, was es halt gerade gibt (rechts).

Feinkost-Gevekoh
wieder
eroffnet

Ein Feinkostgeschäft *hat im Keller eines zerstörten Hauses in Nürnberg wieder eröffnet. Noch fehlt nicht nur die feine Kost, sondern Kost überhaupt. – Ein Weihnachtsangebot 1947 in Frankfurt. – Ein Münchner Lebensmittelgeschäft fordert 1946 auf zum „Einschreiben" für Maisgries, Erdnußbutter, Kartoffeln. Der Mangel wird verwaltet.*

WO BLEIBEN

In Mauerparolen *hat sich der Volkszorn schon seit eh und je Luft verschafft. Nach Jahren des Elends und Mangels bricht die Sehnsucht nach dem „normalen Leben“ stark hervor. Ein Zaun in Essen.*

Hauptverkehrsmittel

in den Städten ist die Straßenbahn – und daher ständig überfüllt. Autos werden fast nur von den Soldaten der Besatzungsmacht gesteuert, deswegen müssen Warnungen in Englisch erscheinen. – Holzgas treibt die Autos an, Benzin und Diesel sind streng rationiert (rechts). – Es werden wieder Reitpferde transportiert – mit einem holzgasgetriebenen Luxusauto der Vorkriegszeit.

„Eines Tages erschienen Erich Kästner und Rudolf Schündler in Straubing und fragten mich, ob ich Lust hätte, nach München zu kommen, um in einem neu gegründeten Kabarett, ‚Die Schaubude', mitzumachen. Ich war Feuer und Flamme: Das ist es. Jetzt kommt die große Gelegenheit. Jetzt darf ich und kann ich alles sagen. Die Menschen mitreißen – die Welt erlösen ..."

URSULA HERKING

„Unbeschreibliches Gefühl, nach so vielen Jahren schreiben und wieder widersprechen zu dürfen! Das heißt, schreiben durfte ich ja! Ich meine das Schreiben als solches, das Schreiben an sich oder an mich oder auch an andere. Auch war es mir erlaubt, Gedichte, Romane, Theaterstücke, ja selbst staatsfeindliche Pamphlete zu schreiben. Aber ich durfte sie nicht veröffentlichen."

WERNER FINCK

„Heute früh waren wir schon wieder in München. Vitalität steckt an. Wir haben uns gestern infiziert. Es handelt sich um einen Anfall von Arbeitsfieber. ... Immerhin, auch mich hat es gepackt. In den Ruinen geistert nicht die Cholera. Es grassiert die Influenza vitalis, eine kerngesunde Epidemie. Es geht zu wie in Klondyke. Wenn man zu charakterisieren sucht, was man ringsum erlebt, fallen einem ganz altmodische Wörter ein, wie ‚Hoffnungsschimmer', ‚Morgenröte', ‚Schaffensfreude', ‚Glücksrausch' und ‚Lebensmut'. Der Magen knurrt, doch die Augen blitzen. ‚Trunkenheit ohne Wein'. Alle miteinander sind um zehn Jahre jünger geworden. Der Kalender verbessert mich: um zwölf Jahre jünger.

ERICH KÄSTNER, 21. JUNI 1945

Theater auf Rädern:
*Theo Lingen,
Tochter Ursula Lingen
und Siegfried Breuer
tingeln schon wieder
durch die Lande.*

Musik blüht wieder auf
im Nachkriegsdeutschland. Theo Mackeben (links) bei einer Probe. Emigrierte deutsche Künstler sind – teils in Uniform – zurückgekehrt. – Otto Klemperer, der Dirigent, bespricht mit dem Autor und Baden-Badener Rundfunkintendanten Friedrich Bischoff die Aufführung eines Werkes.

In den Trümmern *vor dem zerstörten Hotel Regina in München probt Victor de Kowa vor dem Tonwagen eine Szene für den Film „Zwischen gestern und morgen". Der Titel könnte über all diesen Jahren stehen. Gestern: das 1945 untergegangene „Dritte" Reich. Morgen: die 1949 entstehende Bundesrepublik Deutschland und die DDR.*

Der Jeep wird zum Symbol *der Besatzungsjahre. Ursula Herking, die wesentlich dazu beiträgt, das deutsche Kabarett wieder zu beleben, am Steuer eines amerikanischen Jeeps. – Willy Birgel und Sybille Schmitz spielen mit alter Routine weiter in neuen deutschen Filmen, auch hier: „Zwischen gestern und morgen“.*

Ein neues Gesicht, *das später Filmgeschichte macht: Hildegard Knef als Flüchtlingsmädchen Kat, ebenfalls im Film „Zwischen gestern und morgen".*

Lachen und Weinen *sind dicht beieinander in den ersten Nachkriegsjahren. Scherz, Satire, Ironie helfen über manches Leid hinweg. Das Kabarett (links oben mit Hanne Wieder) erlebt eine Renaissance sondergleichen. In Düsseldorf begründen Kay und Lore Lorentz das „Kom(m)ödchen" (links unten). – In München macht schon 1946 ein anderes neues Kabarett auf sich aufmerksam: Rudi Schündlers und Erich Kästners „Schaubude". Anzuprangern gibt es übergenug. Noch hängen die Schatten der Vergangenheit schwer über Deutschland. Die Gegenwart ist unsicher und zwielichtig. Die Kabarettisten ziehen die Mächtigen und die Ohnmächtigen von gestern und heute „durch den Kakao".*

Ein Erfolgsstück
der zwanziger Jahre macht Furore. Hans Albers – diesmal nicht „auf der Reeperbahn nachts um halb eins“, sondern in der Glanzrolle der „Dreigroschenoper“ von Bert Brecht und Kurt Weill. Nicht nur in den Münchner Kammerspielen geht es über die Bühne – auch überall in den drei Westzonen und in Berlin.

Noch ist ungewiß,
ob es einen neuen deutschen Film von Rang geben wird. Noch weiß niemand etwas vom Fernsehen. Fritz Kortner inszeniert „Der Ruf“ mit Rosemary Murphy.

In der Emigration *hat Carl Zuckmayer in den Vereinigten Staaten ein Stück über die Tragik der deutschen Soldaten im Dienst Hitlers geschrieben: „Des Teufels General". Die besten Schauspieler und Regisseure bringen es auf alle verfügbaren Bühnen. Das Stück wird der wichtigste Theatererfolg der Nachkriegszeit. Deutsche Premiere war 1947 in Frankfurt mit Martin Held in der Hauptrolle. Inszenierung: Heinz Hilpert.*

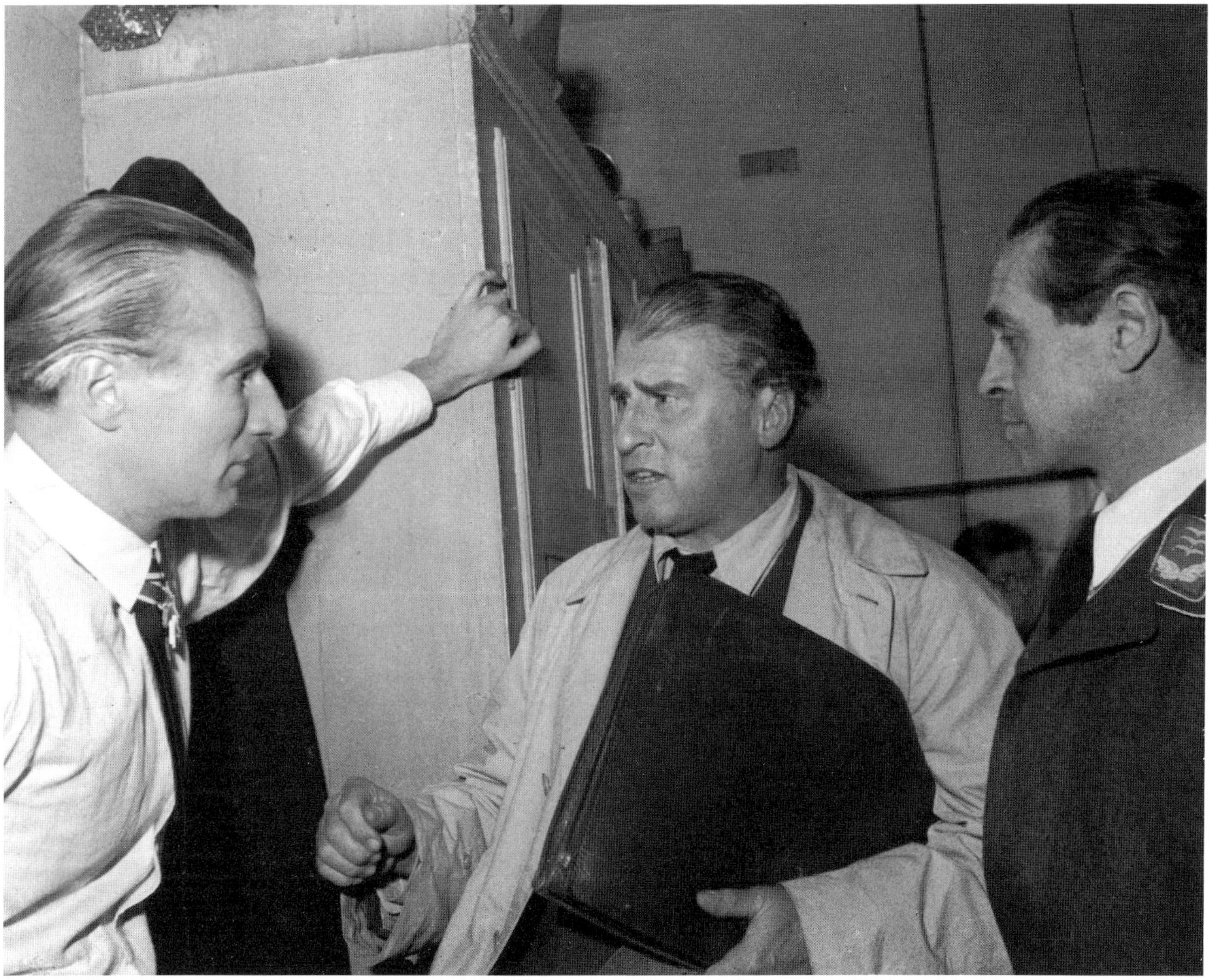

Ein Heimkehrer
bittet um ein Autogramm. Erich Ponto, der große alte Mann des Theaters, probt 1947 in Stuttgart bereits wieder. Das neue „Theater der Zeit“ führt eine große Zeit des Theaters herauf.

Stoffe ausländischer Autoren
und verbotener deutscher Autoren werden wieder gespielt, dazu immer auch die Klassiker in neuer Sicht. Erich Ponto studiert den Text für eine Neuinszenierung. Seit den zwanziger Jahren hatte es eine solche Theaterbegeisterung in Deutschland nicht mehr gegeben.

Schriftsteller und Künstler, *die emigriert oder in Deutschland fast verstummt waren, treten in den Vordergrund. Erich Kästner war 1933–1945 in Deutschland geblieben. Jetzt ist er äußerst gefragt im literarischen Leben. – Vor dem Holzkirchner Bahnhof in München produziert sich eine Straßensängergruppe. – Neue Kunstausstellungen zeigen Bilder, die als „entartete Kunst“ verboten und verbrannt worden waren. Auf viele Besucher wirken die Bilder wie ein Schock. Andere entdecken eine neue Welt des Sehens und des Ausdrucks.*

Einer der populärsten Sportstars
ist unvermindert Max Schmeling, einst Boxweltmeister. Er wird bejubelt, wo er erscheint und auch – wie hier 1947 im Frankfurter Waldstadion gegen Werner Vollmer – wieder boxt.

Bühnenprominenz *beim wieder gestarteten Sechstagerennen: Brigitte Horney (oben) und Hertha Feiler mit Ehemann Heinz Rühmann (unten).*

„Die Schlange ist das Fragezeichen der verwirrten Wirtschaft. Und das Schlangestehen ist die Geduldsübung des 20. Jahrhunderts. Brot, Fleisch, Zeitung, Fahrkarte, Sockenhalter, Brennholz, Rasierpinsel – nichts, in das sich heutzutage nicht eine ausgewachsene Menschenschlange festbisse."

FRIEDRICH LUFT, 1947

„Der Tag der Chancengleichheit. Währungsreform. Die Bürger stehen Schlange, um sich das Startkapital für den neuen Anfang zu holen ...
Wer nur die gleichen Chancen hat, sieht schon in den nächsten Tagen beruhigt, daß sich nichts geändert hat. Die Distanz zwischen Habewas und Habenix bleibt gewahrt. Die Zeitungen jubeln die Chancengleichheit hoch und den Widerspruch runter. Es hat schon immer Journalisten gegeben, die alles wissen und nichts schreiben, und solche, bei denen es genau umgekehrt ist ..."

DIETER HILDEBRANDT, 1948

„Schnell war es verbraucht, das Kopfgeld. Das lag am plötzlich so reichhaltigen Angebot. Über Nacht hatten sich all die Dinge, die man so lange vermißte, wieder in die Schaufenster geschlichen. Die Lebensmittelhändler schüttelten ihre Köpfe. Sie könnten sich auch nicht erklären, wo die Weine, die Schnäpse, Pralinen, Zigarren, Zigaretten, der Kaffee und der Tee so schnell herkamen."

DIETER HILDEBRANDT

„Zonengrenze"
ist das buchstäblich einschneidendste Ereignis der Nachkriegsjahre. Die Russen isolieren ihr Besatzungsgebiet mit Stacheldraht und Mauern vom westlichen Deutschland.

Mit Brettern vernagelt
ist hier die Welt. Noch kann der Anwohner 1948 hie und da die Zonengrenze überschreiten. Das Wohnhaus dieses Mannes liegt im Westen und sein Arbeitsplatz im Osten.

Jahrelang ging er nur die Straße entlang. Jetzt braucht er eine Leiter, um zu seinem Ziel zu gelangen. Bald wird der Bretterzaun durch Todesstreifen und Hundelaufanlagen, Selbstschußautomaten und Minen ersetzt sein.

Blick
in die
Russ. Zone

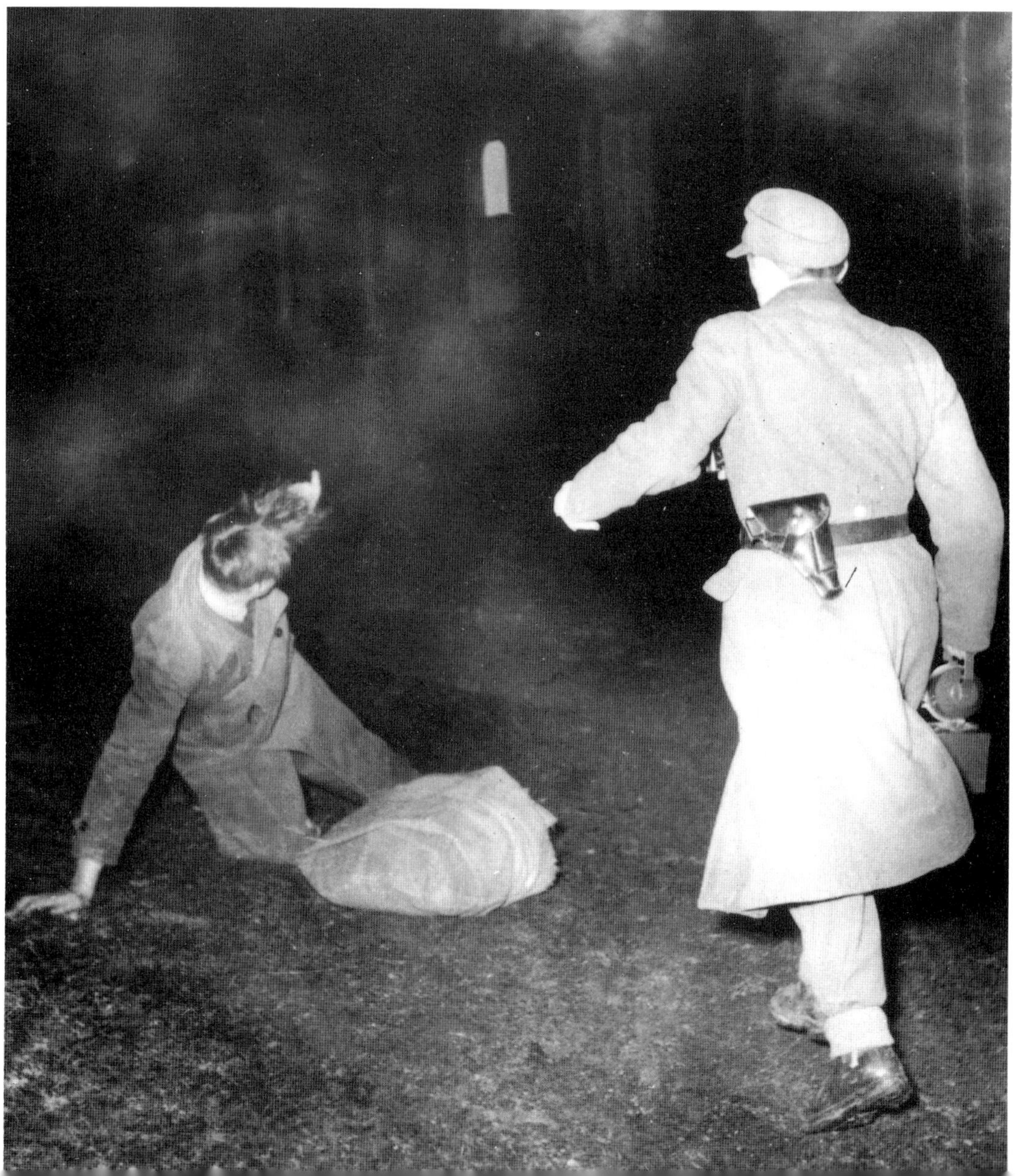

Ein Blick auf die Zonengrenze
kostet bei Travemünde 20 Pfennige. Aber an anderen Stellen der 1300 Kilometer langen Teilungslinie quer durch Deutschland geht es dramatischer zu. Familienzusammenführung bei Nacht und „illegal". Der Eisenbahnzug aus der Sowjetzone fährt hier langsam durch einen Zipfel westdeutschen Gebietes. Flüchtlinge springen vom fahrenden Zug – ein Mann findet so seine Angehörigen wieder.

Die Währungsreform 1948 *verändert alle. Vierzig DM „Kopfgeld“ werden ausgezahlt. Plötzlich sind alle Schaufenster voll: neue Kleider und Koffer. Aber wann wird man sich das leisten können? Und werden die Deutschen jemals wieder reisen dürfen, wohin sie wollen?*

Preiswerte
URLAUBSREISEN
URLAUB
für Jedermann

TAXI-SERVICE

Das berüchtigte „Schlangestehen"
ist auch nach der Währungsreform nicht vorüber. Weiterhin herrscht Mangel an allen Waren und Dienstleistungen. Die vierziger Jahre schaffen eine Ausgangsbasis für den Aufstieg zu neuem Wohlstand – erst in den fünfziger Jahren beginnt er tatsächlich.

Sie regieren
die drei Westzonen: die Hohen Kommissare der drei Besatzungsmächte und die deutschen Ministerpräsidenten der Länder. Von links nach rechts auf diesem Gruppenbild: Christian Stock (Hessen), Wilhelm Kaisen (Bremen), Hans Ehard (Bayern), Karl Arnold (Nordrhein-Westfalen), Brian H. Robertson (Großbritannien), Lucius D. Clay (USA), Max Brauer (Hamburg), Hermann Lüdemann (Schleswig-Holstein), Hinrich Wilhelm Kopf (Niedersachsen).

Parlamentarischer Rat
Abfahrt nach Bonn
1000 m
CDU-Königswinter
1000m
SPD
1000m

Der Parlamentarische Rat
ist der Vorläufer des Deutschen Bundestages, er erarbeitet das Grundgesetz, die Verfassung der Bundesrepublik Deutschland. – Bei der Beratung des Grundgesetzes sitzt der spätere Bundeskanzler Konrad Adenauer in der ersten Reihe. – Karl Arnold, Ministerpräsident von Nordrhein-Westfalen, spricht zum Parlamentarischen Rat (links unten). – Im Bonner Museum König versammeln sich die Hohen Kommissare der drei westlichen Siegermächte und die deutschen Ministerpräsidenten der Länder der drei Zonen, um eine Verfassung auszuarbeiten.

Zur Marktwirtschaft *führt Ludwig Erhard die drei Westzonen. Später wird man den Professor der Nationalökonomie und ersten Wirtschaftsminister der Bundesrepublik den Vater des deutschen Wirtschaftswunders nennen. Das politische Instrument zur Vorbereitung der neuen freien Wirtschaftspolitik ist der „Wirtschaftsrat". Im gediegen glänzenden Schild spiegelt sich die Vergangenheit.*

Wirtschaftsrat
des Vereinigten Wirtschaftsgebietes

Zu den Verfassern *des Grundgesetzes gehört der Sozialdemokrat Prof. Dr. Carlo Schmid, später prominentestes SPD-Mitglied des Deutschen Bundestages.*

Der erste Vorsitzende
der SPD nach dem Kriege wird Kurt Schumacher, ein Überlebender der Konzentrationslager Hitlers. Er kämpft leidenschaftlich für ein neues, freies Gesamtdeutschland mit Berlin als Hauptstadt.

Am 8. Mai 1949,
fast genau vier Jahre nach der Kapitulation des Deutschen Reiches, beschließt der Parlamentarische Rat in Bonn das Grundgesetz für die Bundesrepublik Deutschland. In der ersten Reihe links Carlo Schmid, rechts Theodor Heuss, hinter Professor Schmid die Berliner Ernst Reuter und Otto Suhr. – Oben: Theodor Heuss bei der Eröffnung des Deutschen Bundestages am 7. September 1949.

Schwarz-Rot-Gold,

das sind die im Grundgesetz verankerten Staatsfarben der Bundesrepublik Deutschland. Schwarz-Rot-Gold waren schon die Farben der ersten deutschen Republik gewesen, 1918 bis 1933. Bereits 1948/49 wurden Schwarz-Rot-Gold zu den Bundesfarben einer künftigen deutschen Republik und eines deutschen Nationalstaates erklärt. Diese „Deutschen Farben“ symbolisieren nun die politischen Zielvorstellungen der Bundesrepublik Deutschland. Auf nebenstehendem Bild wird zum ersten Mal die deutsche Flagge über dem Bundeshaus gehißt: am 7. September 1949. Die Nachkriegsjahre lagen hinter den Deutschen, die den Krieg überlebt hatten. Die Jahre und Jahrzehnte eines neuen Kapitels deutscher Geschichte begannen – in zwei voneinander getrennten und verschiedenen Staaten. Dieses Buch zeigt Momentaufnahmen aus den Jahren, als alles wieder anfing.

Zeittafel

7./8. Mai 1945
Das Oberkommando der Deutschen Wehrmacht unterzeichnet in Eisenhowers Hauptquartier in Reims und in Berlin-Karlshorst im sowjetischen Hauptquartier die bedingungslose Kapitulation.

15. Juni 1945
Die SPD wird in den Westzonen, die durch Proklamation der Alliierten vom 5. Juni eingerichtet wurden, von Kurt Schumacher wieder gegründet.

17. Juni 1945
In Köln wird die CDU für die Rheinlande gegründet, nachdem die britische Militärregierung demokratische Parteien auf Kreisebene zugelassen hat.

17. Juli – 2. August 1945
Auf der Potsdamer Konferenz beschließen Truman, Stalin und Churchill, Deutschland zu entmilitarisieren, zu entnazifizieren und zu demokratisieren. Gleichzeitig wird beschlossen, die Kriegsverbrecher vor Gericht zu stellen.

19. September 1945
Die US-Militärregierung konstituiert die Länder Bayern, Württemberg-Baden und Großhessen, nachdem die französische Militärregierung im Juni die Provinz Südbaden gegründet hatte.

5. Oktober 1945
In Wennigsen bei Hannover findet die erste Gesamtkonferenz der deutschen Sozialdemokraten statt unter Beteiligung führender Mitglieder aus der Westzone, der SBZ und dem Exil. Otto Grotewohl erklärt, daß die SPD der SBZ nicht mehr für eine Vereinigung mit der KPD eintreten wolle.

6. November 1945
In Stuttgart konstituiert sich der Länderrat der US-Zone als ständige Konferenz der von der Militärregierung abhängigen Ministerpräsidenten.

15. Februar 1946
In Hamburg wird der Zonenbeirat der britischen Zone gegründet.

21./22. April 1946
In der SBZ wird durch Zusammenlegung der SPD mit der KPD die SED, die Sozialistische Einheitspartei Deutschlands, gebildet, obwohl sich Grotewohl vorher noch gegen die Fusion ausgesprochen hatte.

23. August 1946
Die britische Militärregierung konstituiert die Länder Nordrhein-Westfalen, Schleswig-Holstein und Hannover, da am 1. November mit Braunschweig, Oldenburg und Schaumburg-Lippe zum Land Niedersachsen zusammengefaßt wird. Am 30. August 1946 bildet die französische Militärregierung das Land Rheinland-Pfalz.

1. Januar 1947
Die Vereinbarungen über die Vereinigung der amerikanischen und britischen Zone zum Vereinigten Wirtschaftsgebiet treten am 1. Januar in Kraft. Die Bizone wird am 8. April durch Angliederung der französischen Zone zur Trizone erweitert. Ziel ist die Belebung der Wirtschaft und die Lösung der Versorgungsprobleme.

1. März 1947
Die US-Militärregierung verleiht den Ländern ihrer Zone legislative, exekutive und richterliche Befugnisse.

5. Juni 1947
Das Hilfs- und Wiederaufbauprogramm für die europäischen Staaten einschließlich der deutschen Westzonen, der sog. Marshall-Plan, wird vom amerikanischen Außenminister George Marshall angekündigt; er soll dem europäischen Wiederaufbau und der Abwendung wirtschaftlicher Not dienen. Die amerikanische Hilfe läuft im Juli 1947 an.

25. Juli 1947
In Frankfurt wird der Wirtschaftsrat mit 52 von den Landtagen entsandten Delegierten als oberstes Organ der Bizone gegründet.

20./21. Juni 1948
Mit der Währungsreform wird in den Westzonen die DM-Währung eingeführt, mit der die Planwirtschaft sowie deren Begleiterscheinungen wie Schwarzmarkt, Tauschhandel und „Zigarettenwährung" aufhören. Jeder Bürger erhält 40,– DM für 40 RM, weitere 20,– DM im August.

23. Juni 1948
Die Sowjetunion führt in der SBZ und in ganz Berlin eine Währungsreform durch.

23./24. Juni 1948
Die Westmächte protestieren gegen die Währungsmaßnahmen der Sowjetunion und führen

ihrerseits in den Westsektoren Berlins die DM ein. In der Nacht zum 24. Juni wird daraufhin von den Sowjets der gesamte Verkehr nach Berlin unterbrochen, und die Blockade der Stadt beginnt. Am 26. Juni beginnen die USA und Großbritannien die Versorgung der Westberliner Sektoren über die Luftbrücke.

1. September 1948
In Bonn konstituiert sich der Parlamentarische Rat, der aus 65 Abgeordneten der 11 westdeutschen Landtage gebildet ist; dazu kommen in beratender Funktion 5 Berliner Abgeordnete.

8. Mai 1949
Der Parlamentarische Rat stimmt in dritter Lesung dem Grundgesetz der „Bundesrepublik Deutschland" zu.

10. Mai 1949
Der Parlamentarische Rat wählt Bonn zur vorläufigen Hauptstadt der Bundesrepublik Deutschland.

12. Mai 1949
Die Militärgouverneure Clay, Robertson und Koenig billigen das Grundgesetz.
Die Berlin-Blockade wird aufgehoben. Die westalliierten Stadtkommandanten erteilen den Westberlinern größere Verwaltungsvollmachten.

23. Mai 1949
Der Parlamentarische Rat verkündet das Grundgesetz, dem zehn von elf Ländern (außer Bayern) zugestimmt haben. Bis zum 21. Mai haben die westdeutschen Länder das Grundgesetz ratifiziert (mit Ausnahme Bayerns).

24. Mai 1949
Das Grundgesetz tritt in Kraft.

14. August 1949
Die Wahlen zum 1. Bundestag, aus denen die CDU/CSU als stärkste Fraktion hervorgeht, finden statt.

7. September 1949
Der Bundestag als gesetzgebendes Gremium und der Bundesrat als Ländervertretung konstituieren sich.

12. September 1949
Die erste Bundesversammlung, die paritätisch aus Abgeordneten des Bundestages und des Bundesrates gebildet ist, wählt Theodor Heuss zum Bundespräsidenten.

15. September 1949
Der Bundestag wählt auf Vorschlag des Bundespräsidenten den CDU-Vorsitzenden Adenauer zum Bundeskanzler, der mit einer Stimme Mehrheit gewählt wird.

20. September 1949
Adenauer bildet sein erstes Kabinett, eine Koalitionsregierung aus CDU/CSU, FDP und DP.

Die Fotosammlungen von Hanns Hubmann und Hilmar Pabel (s/w) befinden sich im Bildarchiv Preußischer Kulturbesitz (bpk) in Berlin (West). Das bpk stellte auch für alle Abbildungen dieses Bandes Originalfotografien beider Fotografen zur Verfügung.

Bildnachweis
Bildarchiv Preußischer Kulturbesitz/Hanns Hubmann
13, 22, 24/25, 28, 30, 31, 34/35, 36/37 oben, 38, 39, 40, 41, 42/43, 44, 45, 46, 47, 49, 50/51, 52, 54, 55, 59, 62/63, 64, 65, 66/67, 68/69, 69 oben, 72, 73, 74/75, 76, 77, 78, 79, 82/83, 84, 86, 87, 96, 97, 98 unten links, 98/99 oben, 100/101, 102/103, 106, 108/109.
Bildarchiv Preußischer Kulturbesitz/Hilmar Pabel
12, 14, 15, 16/17, 18, 19, 20/21, 23, 26/27, 29, 36 unten, 37 unten, 48, 53, 56/57, 58, 70/71, 80/81, 85, 90, 91, 92, 93, 94, 95, 104, 105, 107, 109 oben rechts, 111.

Die Zitate auf den Seiten 35, 63, 91 sind entnommen den Büchern:
Werner Finck, Alter Narr – was nun? München 1972
Ursula Herking, Danke für die Blumen, München 1973
Erich Kästner, Notabene 45, Berlin 1961
Dieter Hildebrandt, Was bleibt mir übrig, München 1986
Carl Zuckmayer, Als wär's ein Stück von mir, Frankfurt 1969
Werner Filmer/Heribert Schwan, Mensch, der Krieg ist aus!, Düsseldorf 1985

CIP-Titelaufnahme der Deutschen Bibliothek

Hubmann, Hanns:
So fing es an : Erinnerungen u. Bilder aus d. Jahren 1945 – 1949
Thilo Koch ; Hanns Hubmann ; Hilmar Pabel. – 1. Aufl. –
Braunschweig : Westermann, 1988
ISBN 3-07-50 8967-2
NE: Pabel, Hilmar ; Koch, Thilo [Mitarb.]
© Georg Westermann Verlag GmbH, Braunschweig 1988
1. Auflage 1988
Schutzumschlag und Gestaltung: T. Flexen/R. Köster
Satz: Hagedorn GmbH, Berlin
Reproduktion: büscher repro bielefeld gmbh
Druck und Bindung: westermann druck GmbH, Braunschweig

ISBN 3-07-50 8967-2